SAPHO,

TRAGÉDIE

MÊLÉE DE CHANTS,

EN TROIS ACTES ET EN VERS.

Représentée, pour la première fois, sur le théâtre des AMIS DE LA PATRIE, le 22 frimaire, l'an 3 de la République. (14 décembre 1794, vieux style.)

Par la Citoyenne PIPELET,

Musique du Citoyen MARTINI.

Prix : 2 liv.

A PARIS,

Chez l'auteur, rue Neuve-des-Bons-Enfans, au coin de celle des Petits-Champs, N°. 1304.

Au Bureau du *Bulletin de Littérature, des Sciences et des Arts*, rue du Croissant, N°. 16.

Et chez tous les marchands de nouveautés.

À MON PÈRE.

C'est à vous que je dois mes talens, c'est à vous que j'en offre le premier fruit. Puisse ma Sapho vous faire quelques fois oublier la distance qui nous sépare; Puisse-t'elle ajouter aux charmes de votre heureuse solitude, et vous être un garant de ma reconnaissance comme elle m'est une preuve de vos bienfaits!

DETHÉIS PIPELET.

Nous regarderons comme contrefaçon tout exemplaire qui ne sera pas signé de l'auteur.

Le prix de 2 liv. est le même pour Paris et les départemens.

PRÉCIS
DE LA VIE
DE SAPHO.

Sapho, femme célèbre par ses talens pour la poësie, naquit à Mytilêne, capitale de l'Isle de Lesbos, environ six cents ans avant l'ère vulgaire, (vieux style.) Les détails de son existence jusqu'à l'instant où elle se livra à l'étude, ne sont point parvenus jusqu'à nous d'une manière assez sûre pour pouvoir être offerts ici comme faits historiques. Ce qui paraît cependant certain, c'est le mariage qu'elle contracta, presqu'au sortir de l'enfance, avec un des plus riches habitans de l'isle d'Andros : elle en eût une fille et devint veuve peu après. Ce fût alors que son imagination ardente, exaltée, sans doute, par la mort de son époux, lui fit faire le premier pas dans une carrière où il est difficile de s'arrêter. Elle sentait vivement, elle exprima de même, et devint par-là l'objet de l'admiration de la plûpart des poëtes de son temps, et celui de la critique de quelques autres, mus par des vengeances particulières. Alcée fut un de ces derniers : il avait été amoureux de Sapho ; et, rebuté par elle, son amour se changea en haine, comme il arrive trop souvent.

Des femmes puissantes et jalouses s'élevèrent aussi contr'elle : Sapho leur répondit par de nouveaux succès, et leur ressentiment ne connut plus de bornes.

Cependant sa renommée avait déjà parcouru la Grèce; celles des femmes qui se sentaient des dispositions pour la poësie, s'empressèrent de se rendre auprès d'elle pour recevoir ses leçons. Érinne, Eunice, Thélésile, et quelques autres qui ont acquis de la célébrité, étaient de ce nombre; de jeunes filles de Lesbos suivirent leur exemple, et il résulta de-là une espèce d'académie, source dans laquelle les ennemis de Sapho puisèrent les moyens de se consoler de ses succès : ne pouvant dénigrer ses talens, ils dénigrèrent ses mœurs, et ce ne fut qu'à cette condition qu'ils la laissèrent jouir d'une réputation à laquelle ils avaient fait une tache ineffaçable.

Ce n'était point assez : l'amour devait encore ajouter à ses malheurs et à sa célébrité. Phaon, jeune homme d'une beauté extraordinaire, parut à Mitylène. Sapho le vit pour la première fois dans une fête publique, et son cœur, qui jusques-là était resté insensible aux hommages les plus flatteurs, ne put résister aux charmes du jeune Phaon. Elle l'aima comme elle savait aimer, c'est-à-dire, avec la passion la plus forte. Lui-même, entraîné, sans doute, plus par vanité que par tendresse, parut quelque temps embrasé du même feu ; mais bientôt son inconstance fit connaître à l'infortunée Sapho que les talens ne suffisent pas toujours pour inspirer l'amour, ni pour en garantir. Ils ne lui restèrent donc que pour la consoler. Elle se livra sans réserve à ce plaisir, le seul qu'elle put encore goûter, et laissa, par-là, à la postérité des ouvrages qui attestent à la fois la force de sa passion et celle de son génie. Peu sensible à tant d'amour, l'ingrat Phaon mit bientôt le comble aux malheurs de Sapho, en quittant Lesbos, et enlevant, dit-on, une de ses élèves. Sans doute, quellequ'eût été jusques-là sa douleur, l'espoir en avait tempéré l'amertume ; car elle ne put résister à ce dernier coup, et suivit son infidèle jusqu'en Sicile. (1) Mais là, rebutée encore par lui, elle ne fut plus maîtresse de son désespoir et se résolut enfin à tenter la funeste épreuve du saut de Leucade (2) que quelques exemples semblables

___

(1) L'auteur du voyage d'Anacharsis prétend que ce ne fut que pour fuir une persécution dirigée contre elle, que Sapho quitta Mitylène.
Voyez, *Anacharsis*, t. 2, ch. 3. et la note sur ce chapitre.

(2) L'isle de Leucade est située dans la mer Ionienne ; à l'une des extrémités de cette isle est un

avaient déja rendu fameux. Personne n'ignore qu'elle en fut la victime, comme cela devait être, et que ses ennemis eurent enfin à triompher, et de sa faiblesse et de son courage.

Sapho, à ce qu'il paraît, n'était pas régulièrement belle, mais le feu et la grâce qui animaient ses écrits étaient sans doute répandus sur sa physionomie. Les Grecs la surnommèrent la dixième muse, et donnèrent son nom à une sorte de vers qu'elle avait inventés. C'est sur ce rhythme qu'elle a composé la plûpart de ses ouvrages; peu sont parvenus jusqu'à nous, mais l'hommage que lui rend Ovide, l'hymne à Vénus, citée par Denis d'Halicarnasse, et l'ode que Boileau a traduite d'après Longin, suffisent pour donner une idée de ses grands talens.

C'est dans ce sujet simple mais attendrissant, que j'ai puisé l'espèce de tragédie que j'offre ici

---

rocher très-élevé et fort avancé dans la mer. C'est sur ce rocher qu'il y avait autrefois un temple dédié à Apollon; les prêtres qui le desservaient, publiaient, pour l'accréditer, que les amans qui se précipiteraient du rocher dans la mer, recouvreraient leur première indifférence, s'ils avaient le bonheur d'échapper à la mort. L'exemple de Sapho et de plusieurs autres dont l'amour avait égaré la raison, prouve trop le succès qu'eût cette imposture inhumaine.

au public. Je serai satisfaite, si ce premier essai de mes talens dramatiques, fruit d'une année de travail, est lu avec autant d'intérêt qu'il a été entendu.

PERSONNAGES.

SAPHO. — La C. SCHREUZRS.

STÉSICHORE, *poëte grec,*
  vieillard ami de Sapho. La C. DUBOIS.

PHAON. — Le C. LAFORÊT.

DAMOPHILE, *fausse*
  amie de Sapho. La C. MÉZIÈRES.

CLÉIS, *élève de Sapho et*
  amante de Phaon. La C. SÉRIGNY.

ÉRINNE, *première*
  élève de Sapho. La C. DEVERCY.

Le GRAND PRÊTRE
  du temple d'Apollon. Le C. DUGRAND.

Un PRÊTRE.
ÉLÈVES.
Une LEUCADIENNE.
LEUCADIENS.
LEUCADIENNES.
ENFANS.

La scène est dans l'isle de Leucade.

SAPHO,
TRAGÉDIE
MÊLÉE DE CHANTS.
EN TROIS ACTES.

ACTE PREMIER.

Le théâtre représente l'intérieur de l'appartement de Sapho. A gauche du spectateur est un lit à la grecque, sur lequel Sapho est à demi couchée. Elle paraît absorbée dans sa douleur : Damophile est à sa droite, appuyée sur une table, sur laquelle est une lyre ; Érinne est de l'autre côté. Le reste du théâtre est occupé par les Elèves, artistement grouppées ; elles tiennent des lyres, harpes et autres instrumens antiques, et ont les yeux fixés sur Sapho. On brûle des parfums dans un vase posé sur un trépied antique.

SCÈNE PREMIÈRE.

SAPHO, DAMOPHILE, ÉRINNE, ÉLÈVES.

Les ÉLÈVES.

Fille du ciel, douce harmonie !
Calme le tourment de son cœur ;
Par la tendre mélancolie,
Trompe, s'il se peut, sa douleur ;
Répands dans son âme attendrie,

B

La clarté pure du bonheur,
Pour un perfide qui l'oublie,
Elle veut renoncer au jour;
   Fais-lui chérir la vie,
   Fais-lui haïr l'amour.

ÉRINNE, (*seule, s'avançant*).

Ornement de la Grèce,
Sapho, l'amitié vous en presse,
   Ah! cessez de gémir !
   D'un ingrat qui vous laisse,
   Perdez le souvenir,
   Méprisez la tendresse,
   Sans elle on peut jouir;
   Il est plus d'une ivresse,
Il est plus d'un moyen d'enchaîner le plaisir.

Danse gracieuse.

Le CHŒUR.

Méprisons la tendresse,
Sans elle on peut jouir, ect.

SAPHO.

(*Elle paraît sortir de son accablement, et jette douloureusement les yeux sur tout ce qui l'entoure*).

Je ne sais, mais ces chants m'importunent, ...
   me blessent ;
Sans soulager mon cœur, ils agitent mes sens . . . . .
   Je les regrette quand ils cessent,
Et je souffre encor plus, lorsque je les entends. . . .

(*A ses Élèves*).

Cessez ces tendres soins que l'amitié m'apprête ;
   Que peuvent-ils contre l'amour ?

L'onde qu'agite la tempête,
Peut-elle réfléchir les rayons d'un beau jour?

ÉRINNE.

Oui, nos chants calmeront votre douleur extrême.

SAPHO.

Non, laissez-moi plutôt pleurer celui que j'aime :
Gémir est le seul bien des amans malheureux !

(Elle se lève, les Élèves l'imitent : Damophile l'observe d'un œil sombre).

Que dis-je ? il en est un, digne présent des dieux,
Que m'offre leur bonté, quand leur courroux m'accable.
C'est à Leucade, dans ces lieux,....
Que Sapho, tourmentée, errante, inconsolable.
Vient chercher, dans le sein des flots impétueux,
Ou la fin de sa vie, ou celle de ses feux.

(Elle s'anime).

Déjà, plus d'une fois, brûlante d'un saint zèle,
J'ai gravi ce rocher si funeste aux amans ;
Mais la voix d'un ami, trop tendre et trop fidèle,
Malgré moi m'a rendue à mes cruels tourmens :

(Avec feu).

Stésichore, est-ce ainsi que tu sers ton amie ?
Ne suivis-tu mes pas que pour les enchaîner ?
Vas, tu me veux en vain faire chérir la vie,
Par l'excès de mes maux je me sens entraîner.

(Elle veut sortir, Érinne et les Élèves se précipitent sur son passage, et l'entourent ; Damophile s'avance aussi, mais après les autres : on voit qu'elle affecte d'être entièrement absorbée par la douleur).

ÉRINNE (*d'un air tendre et suppliant.*)

Avant d'exécuter ces desseins téméraires,
Jettez au moins sur nous un regard de bonté.
  Pour vous, nous avons tout quitté;
Nous avons délaissé notre pays, nos pères;
Jouets d'un sort cruel contre nous irrité,
En murmures jamais avons-nous éclatté?
  Jamais avons-nous regretté
Nos tranquilles foyers, nos amis ou nos frères?
Et vous abandonnez vos disciples si chères!...
Est-ce donc là le prix de la fidélité?

SAPHO (*peinée*).

Cessez par vos discours, d'accabler mon courage;
Je le vois, je le sens, vos maux sont mon ouvrage;
  Mais par pitié, cachez-le moi!
Mon cœur n'a pas besoin de souffrir davantage.....

(*Avec bonté.*)

  Si du destin la dure loi
  Me fait périr sur ce rivage,
Retournez à Lesbos, et calmez cet effroi;
Damophile aura soin, pendant ce long voyage,
D'écarter de vos pas les erreurs de votre âge....

(*Avec douleur.*)

Sur-tout, gardez-vous bien d'engager votre foi....

(*A Damophile.*)

Puis-je de leur bonheur m'en reposer sur toi?

DAMOPHILE.

Ainsi que vous déjà je leur servais de mère......

SAPHO (*à ses Élèves*).

Rassurez-vous sur vos destins.
Adieu!

(*Toutes les élèves se précipitent devant elle, et s'écrient :*)

Non....

SAPHO (*avec désespoir*).

Laissez-moi....

ÉRINNE.

Dussai-je vous déplaire,
Je saurai traverser ces barbares desseins.
(*Aux élèves.*)
Jamais ne nous séparons d'elle.

SAPHO.

Vous me faites souffrir une mort trop cruelle.

ÉRINNE (*douloureusement.*)

O Phaon, Phaon, qu'as-tu fait!

SAPHO (*frappée*).

Quel nom prononces-tu?

DAMOPHILE.

Celui d'un infidelle;

ÉRINNE (*très-vivement.*)

Qui de votre mépris devrait être l'objet.

SAPHO (*de même*).

Ce que tu dis est vrai, redis-le moi sans cesse;
Garantis-moi par-là d'une indigne faiblesse;
Peins-moi bien cet objet dont mon cœur est épris;
  Peins-moi ce que je suis,
  Ce que je devrais être;
Fais-moi honte des fers que m'impose un tel maître....
Mais pour mieux consoler mes funestes regrets
Si je chantais ces vers où troublée, éperdue,
Je rappellerais ses torts : pour me rendre à la paix...
Oui,... des maux de mon cœur ils calmeront l'excès.

ÉRINNE.

O dangereux moyen!

SAPHO (*retombant*).

   O douleur qui me tue!

DAMOPHILE (*à part*).

Elle sera mieux que moi ma haine et mes projets.

(*Les Élèves se replacent et reprennent leurs lyres*).

SAPHO.

ROMANCE.

Je vivais heureuse et tranquille
Au sein des arts consolateurs,
L'amitié paisible et docile
Sur moi répandait ses faveurs.
Je vis Phaon, et de mon ame
L'amour, tout-à-coup, s'empara!......
Je voulus lui peindre ma flamme,
Mais il la connaissait déjà.

II.

Dans son regard qu'il sut trop feindre,
Je crus voir la joie éclater.
Si l'amour est prompt à se plaindre,
Il est plus prompt à se flatter.
O douce et pure jouissance,
Que tu m'apprêtais à souffrir !......
Faut-il que le bonheur commence
Alors qu'il doit si-tôt finir !

(Après un moment de silence, elle dit en souriant à ses Élèves)

De cet heureux moment je me souviens encore :
Je n'étais pas en proie à ce feu qui dévore,
C'était un doux sommeil, un calme bienfaiteur,
Dont je voudrais en vain décrire la douceur......!
Dans un monde nouveau je me crus transportée !
J'admirais d'un ciel pur la couleur argentée :
Mon cœur se dilatait aux rayons d'un beau jour,
    Et Phœbus, nouveau Prométhée,
Éclairait l'univers du flambeau de l'amour......
    Cruel réveil, fatal retour !

IIIe. COUPLET.

(Elle doit dire ce couplet plus vite et moins chanté à mesure qu'elle avance vers la fin, de façon que les deux derniers vers soient, pour ainsi dire, parlés).

J'avais une élève chérie,
Objet de mes soins empressés,
Qui me devait tout, hors la vie ;
Mais quoi ! n'était-ce pas assez ?
Dans son sein avec complaisance,
De mon cœur j'épanchais les feux ;....
Grands dieux ! un jour, d'intelligence,
Elle et Phaou fuirent tous deux !

SAPHO (*avec impétuosité*).

O souvenir cruel ! ô douleur accablante !
Et je puis vivre après ce coup affreux !
Et je puis refuser la mort qui se présente ?...
    Je veux mourir, oui je le veux !
Laissez-moi, laissez-moi, c'est l'amour qui l'ordonne.

(*Elle veut sortir ; Stésichore entre : Érinne se précipite vers lui.*)

SCÈNE II.

STÉSICHORE, *les précédens*.

ERINNE.

Ah ! par pitié, venez appaiser son transport.
Elle nous fuit, elle nous abandonne
Pour chercher dans les flots le repos ou la mort.

STÉSICHORE.

Qu'entends-je et quel dessein barbare !
Toujours de l'amitié, quoi ! l'amour vous sépare.
Est-ce donc là le prix de nos frayeurs pour vous ?
Et ne craignez-vous pas d'être ingrate envers nous ?

SAPHO (*d'un ton très-animé*)

    Ah ! l'ingratitude est un crime
    Qui dans mon sein n'entra jamais ;
    Et me soustraire à vos bienfaits,
Ce n'est que refuser d'en être la victime.
Tendre ami, par mes pleurs j'ose vous en prier,
Cessez de tourmenter une faible mortelle !...
Pour mériter la vie, il faut l'apprécier :
Laissez-moi retomber dans la nuit éternelle,
Et que de vos bienfaits ce soit-là le dernier !

STÉSICHORE.

Craignez ces vains écarts d'un esprit téméraire :
Vous m'avez quelquefois donné le nom de père,
Ma fille, dans mon sein venez vous épancher.
    La paix habite sur la terre,
    Mais il faut savoir l'y chercher.

SAPHO.

Non, non, déjà souvent votre amitié trop tendre,
Malgré moi lâchement m'a contrainte à me rendre,
Je prétends la braver, le jour m'est odieux....

STÉSICHORE.

Eh bien, ingrate, allez, bravez aussi les dieux ;
Ils ont en vous formant signalé leur puissance,
Dégagez-vous du poids de la reconnaissance.
Méconnaissez leurs soins en dédaignant des jours
Dont leur main bienfaisante a ménagé le cours,
    Et dans l'erreur qui vous entraîne,
Allez leur présenter une victime humaine!

SAPHO (*intimidée.*)

Je crois leur obéir, et non les insulter :
Leur sainte volonté se fait assez connaître ;
Ils ordonnent ici, par la voix du grand prêtre,
Aux amans malheureux de se précipiter.

STÉSICHORE.

Les dieux n'ordonnent pas un pareil sacrifice.
Et des maux qu'il se fait, l'homme seul est complice.
Est-ce donc là le sort que vous devez subir ?
Et Sapho jusques-là peut-elle s'avilir ?
Vous dont le nom superbe a parcouru la grèce,
A l'ombre des lauriers qui couvre le Permesse,
Vous, rivale d'Alcée!...

DAMOPHILE *(avec un geste de fureur.)*

Objet de son desir!....

STÉSICHORE *(continuant.)*

Triomphante à-la-fois par vos chants, par vos graces,
Et forçant vos rivaux à chérir leurs disgraces,
Vous Sapho!.... pour Phaon on vous verrait mourir?
Est-ce ainsi que l'amour triomphe de la gloire?
Est-ce ainsi qu'un grand cœur suit un vain sentiment?
Et lorsque l'on doit vivre au temple de mémoire,
Faut-il pour un mortel mourir honteusement.

SAPHO *(revenue à elle-même.)*

O mon digne soutien, ô mon ami, mon père!
Je sens à votre voix ma raison s'affermir;
Que n'ai-je toujours eu votre appui salutaire?
Je vous dois le jour qui m'éclaire!....
Mais tremblante, et si prête encor à me trahir,
De ce nouveau bienfait quel emploi puis-je faire?

STÉSICHORE.

L'étude et vos talens vous rendront au bonheur;
Occuper son esprit, c'est soulager son cœur.

ARIETTE.

Aux beaux arts livrez-vous sans cesse,
Qu'ils enchantent tous vos loisirs;
Ils n'ont point de trait qui nous blesse
Il n'est point avec eux de fâcheux souvenirs.

Au sein d'une aimable innocence,
Ils font passer d'heureux momens;
Les talens charment l'existence,
Les arts en fixent les instans.
Chaque aurore, par sa présence,

Eclaire de nouveaux succès ;
Chaque soir, avec l'espérance,
Au sommeil on se livre en paix ;
Et lorsque le plaisir volage
    S'enfuit,
Lorsque l'hyver glacé de l'âge
    Saisit,
Des ans on brave l'outrage,
La mémoire encor sourit,

Aux beaux arts, etc.

2e. Reprise.

La sombre jalousie,
La vengeance, l'envie,
N'habitent point près d'eux ;
Emanés du ciel même,
De la grandeur suprême
Ils conservent encor ce qui charme les Dieux,
    Le droit de rendre heureux,
Et d'immortaliser le mortel qui les aime :

Ma fille, ouvrez enfin les yeux

Aux beaux arts, etc.

SAPHO (*à ses élèves.*)

Allez, ô mes jeunes amies,
Reprenez ces travaux que vous aviez quittés ;
Que d'un transport divin vos cœurs soient agités,
Et ne contraignez plus le feu de vos génies !....

(*Elles sortent.*)

(*à Damophile.*)

Mais toi, Damophile, pourquoi
Ton front est-il couvert d'une sombre tristesse ?
    Toi, le soutien de ma faiblesse,
Toi, de qui mon bonheur est la plus chère loi,

Dois-tu sentir encore ce tourment qui t'oppresse,
Lorsque tout rit autour de moi ?

DAMOPHILE (*embarassée.*)

Quand les dieux irrités nous annoncent l'orage,
Touchés de nos frayeurs, de nos cris supplians,....
Vainement leur bonté dissipe le nuage ;....
Le ciel conserve encor pendant quelques instans,
De la tempête une effrayante image.
C'est ainsi qu'à mon cœur ils ont rendu la paix,...
Souffrez qu'il s'accoutume à leurs nouveaux bienfaits.

SCÈNE III.

LES PRÉCÉDENS, CLÉIS.

CLÉIS.

(*Elle entre précipitamment, et court se jeter aux genoux de Sapho ; Damophile étonnée, l'écoute avec inquiétude.*)

J'accours de vos bontés implorer l'assistance.

SAPHO (*tombant dans les bras de Damophile.*)

Ciel ! que vois-je ?... Je meurs !...

CLÉIS.

J'embrasse vos genoux.

SAPHO (*détournant les yeux avec effroi.*)

Fuis ces lieux profanés par ta seule présence.

CLÉIS.

Par pitié !...

SAPHO.

Fuis ! te dis-je, évite mon courroux.
Viens-tu joindre à mes maux le tourment de la haine,
Sourire à tes succès, t'abreuver de ma peine ?
Viens-tu, sous les dehors d'une feinte amitié,
Jetter sur ta victime un regard de pitié ?
Que viens-tu faire ici ?

CLÉIS.

Du malheur qui m'accable
Je viens entre vos bras chercher à m'affranchir.

SAPHO (*lui prenant vivement la main.*)

Du malheur !... que dis-tu ?

(*la quittant.*)

Je ne puis la haïr !...
Mon cœur s'élance encor vers son cœur trop coupable...
Est-il donc des bienfaits dont on doive rougir ?

CLÉIS.

Ne me refusez pas une main secourable.

SAPHO (*la repoussant plus doucement.*)

Non, laisse-moi...

CLÉIS.

Je veux vous toucher ou mourir.

SAPHO (*à elle-même avec joie et anxiété.*)

Mourir !... Dieux ! du bonheur verrais-je enfin l'aurore ?
Quel espoir tout-à-coup, à mes yeux vient s'offrir ?...
Ah si Phaon l'aimoit encore,

(*A Cléis.*)

Elle ne voudrait pas mourir !.... Explique-toi,
Ma fille ?.. par pitié, réponds, je t'en supplie

Que fait-il ? apprends-moi… dis tout à ton amie.
Tu vois mon trouble mon effroi.
Parle…

CLÉIS

Il n'est que trop vrai qu'il a trahi sa foi !
De sa froideur mon retour est l'ouvrage.
J'avais cru recevoir l'hommage
D'un amant tendre et délicat ;
Je n'ai trouvé qu'un cœur volage,
Je n'ai quitté qu'un cœur ingrat.

SAPHO.

Je respire !… à l'espoir je puis livrer mon âme !
Oui, sans doute, Phaon, touché de mon tourment,
Va par un nouveau changement,
Revenir vers l'objet de sa première flâme.
Amour ce n'est point t'outrager,
Que d'implorer de toi cette faveur nouvelle ;
Dans ses premiers liens vouloir se rengager,
Non ce n'est pas être infidelle,
Ce n'est que cesser de changer.

STÉSICHORE (*à part.*)

O dieux ! daignez la protéger !

QUATUOR.

SAPHO.
Des ombres de la mort encore environnée,
Au jour que je fuyais suis-je donc ramenée ?
Mon cœur interdit agité,
Craint d'être séduit par un songe !
Faut-il risquer de croire un doux mensonge,
Faut-il chercher la triste vérité ?

CLÉIS.
Des erreurs de l'amour encore environnée,
Au jour de la raison suis-je donc ramenée ?
Cesse, ô mon cœur, d'être agité,
Ne m'abuse plus par un songe !
Il ne faut plus sourire au mensonge,
Il faut aimer la triste vérité.

SAPHO ET CLÉIS.
{
O ma tendre amie,
Tu me rends } la vie.
Je vous dois
Tu répands } dans mon sein la clarté d'un beau
Vous versez   jour.
}

STÉSICHORE.
{
O tendres amies,
Demeurez unies,
Que pour vous l'amitié sache guider l'amour!
}

DAMOPHILE
(à part.)
{
Par leurs jalousies,
Toujours poursuivies,
Puisse leur amitié tourmenter leur amour;
}

INVOCATION.

SAPHO ET STÉSICHORE.
{
O Vénus je t'implore,
Comble { mes / ses } vœux enfin;
Il en est tems encore,
Rends { moi / lui } le cœur de l'amant { que j'adore, / qu'elle adore }
Ou cesse d'embraser { mon / son } sein.
}

CLÉIS.
{
Amitié, je t'implore,
Viens pénétrer mon sein;
Il en est temps encore,
Daigne sourire à ce cœur qui t'adore,
Tu ne souriras pas envain.
}

DAMOPHILE.
{
Vengeance je t'implore,
Comble mes vœux enfin,
Il en est temps encore;
Répands tes maux sur celle que j'abhore,
Ou cesse d'agiter mon sein.
}

SAPHO.
Tout-à-coup quel espoir m'anime !
Les dieux semblent me protéger :
Ils ne marquent plus pour victime
Celle que rien ne peut changer.
O bien suprême !
L'amour lui-même
Permet que j'aime,
Et vient sécher mes pleurs
Il récompense
Et ma constance
Et mes douleurs.

STÉSICHORE ET CLÉIS.
Il récompense
Et sa constance
Et sa douleur.

STÉSICHORE ET CLÉIS.
Douce espérance,
Cède à nos vœux ;
Que ta présence,
Après tant de tourmens, nous rende enfin heureux.

SAPHO.
Oui, l'espérance
Cède à mes vœux
Et sa présence
Dit assez que mon sort va devenir heureux.

DAMOPHILE.
Oui, la vengeance
Cède à mes vœux :
Par l'espérance,
Elle répand ici son poison dangereux.

SAPHO.

Chère Cléis, je t'en conjure !
Que mon sort soit enfin tout-à-fait éclairci :

Du hasard qui t'améne ici
Fais-moi la fidèle peinture.

CLÉIS.

Vous vous rappelez trop ce funeste moment,
Où las, et de sa feinte, et de ma résistance,
Un jour que, vers la mer, j'errais sans défiance,
Phaon à m'embarquer me força lâchement.

SAPHO.

Avec lui, jusqu'à cet instant,
Je te croyais d'intelligence.

CLÉIS.

Ah! détournez de moi ce soupçon offensant.
Jugez de ma fureur à cette indigne offense :
Amour, respect, égards, pleurs, rien ne m'attendrit ;
Je réclamai des Dieux la céleste vengeance,
Bientôt mon cœur s'en repentit.
Tout-à-coup de sombres nuages
Le ciel paraît enveloppé.
Le vent s'élève, il croît ; de sinistres présages
Le matelot semble frappé.
On craint, on s'agite, on s'égare ;
On n'entend que des cris, on ne voit que des pleurs,
Et les Dieux irrités, par un concert barbare,
Mêlent, à chaque instant, la foudre à nos clameurs.
Que devenait Phaon dans cet instant terrible ?
Accablé par mes maux, sur les siens insensible,
Tantôt à mes genoux il se précipitait,
Vers le nocher tremblant tantôt il s'élançait,
Des matelots troublés ranimait le courage,
Opposait leurs efforts à l'effort de l'orage,
Et revenait soudain dissiper ma frayeur.
Je ne sais,..... mais ses soins pénétrèrent mon cœur...
Et je sentis en moi, par un effet contraire, ...

C.

Et naître la tendresse et mourir la colère.
Aveugle, j'oubliai l'offense et le pardon,
J'oubliai vos bienfaits et ma reconnaissance,
J'oubliai l'univers, je ne vis que Phaon,
Et de l'amour enfin ressentis la puissance.

SAPHO.

Tu t'apperçus bientôt que ton cœur abusé....

CLÉIS.

Oui, mais, dans cet instant, que pouvais-je connaître?
Je me croyais aimée.... et je l'étais peut-être....
Alors à notre hymen en vain je m'opposai,
Je promis à ses loix de céder en Sicile.
Nous arrivons, après un voyage tranquille;
Le ciel avec mon cœur semblait s'être appaisé....
Phébus devait encor trois fois remplacer l'ombre,
Avant qu'un doux hymen pour toujours nous unît,
Tout-à-coup de Phaon le regard devient sombre,
Il parait inquiet, il soupire, il me fuit,
  Et je vis trop que le volage,
  Prêt de perdre sa liberté,
  En regrettait encor l'usage.

(Sapho écoute avec la plus grande joie.)

Votre nom, malgré lui quelquefois répété,
Vient d'un autre soupçon me rendre la victime,
J'erre de doute en doute et d'abime en abime,
Dans ce moment cruel de trouble, de terreur,
En proie à mes tourmens, à mon incertitude,
  J'apperçus mon ingratitude,
  En reconnaissant mon erreur,
Et sachant qu'en ces lieux, votre amour vous amène,
Je me dis : oui, Sapho connait trop le malheur
  Pour être insensible à ma peine;
Portons-lui mes remords, ma honte et ma douleur.
A ces mots, je me sens une force nouvelle,
Je m'embarque en secret, quoiqu'un transport jaloux

Semble ajouter encor à ma peine cruelle;
Et je viens avec vous haïr un infidèle,
Ou le regretter avec vous.

DAMOPHILE.

Quoi ! de simples soupçons ?..

SAPHO (vivement)

Elle a su les comprendre,
L'amour n'a point deux attributs,
Et cesser d'être aimable et tendre,
C'est dire assez qu'on n'aime plus.

CLÉIS.

C'est ce que je pensai.

STÉSICHORE.

La raison vous éclaire.

CLÉIS.

Déjà je sens en moi renaître le bonheur.

SAPHO.

Tu me le rends aussi !.....

CLÉIS.

D'un repos nécessaire
Permettez qu'à présent je goûte la douceur,
J'ai besoin, je le sens, tranquille et solitaire,
De rassurer encor mon cœur.

SAPHO.

Vas, ma fille, chercher un calme salutaire;

Et puisse enfin le ciel touché de ton retour,
Excuser avec moi les fautes de l'amour.

Cléis sort, Sapho et Stésichore l'accompagnent pendant quelques pas; Damophile dit à part pendant ce tems.

DAMOPHILE.

Préparons-nous à tout, et sachons nous contraindre,
Pour mieux frapper Sapho, feignons de la servir.
Alcée, ingrat Alcée, il m'est permis de feindre,
J'ai l'amour à venger et ton cœur à punir.

SCÈNE IV.

LES PRÉCÉDENS *moins* CLÉIS.

SAPHO (*avec joie.*)

Oui, mes amis, n'en doutons plus, il m'aime.
Il aura su les maux que je souffre pour lui;
    Mes feux, mon désespoir extrême,
    Et ses remords auront agi
    Mieux que je n'eusse agi moi-même.
Je porte dans mon sein un doux pressentiment,
    Je crois l'entendre à chaque instant,
    Je crois ici le voir paraître....
Tout me dit que bientôt, dans ce moment peut-être...

SCÈNE V.

ÉRINNE *et les Élèves accourant, les Précédens.*

ÉRINNE.

Phaon est dans ces lieux!

SAPHO, *(transportée.)*

Mon cœur me le disait!

DAMOPHILE, *à part, (troublée.)*

Ciel! empêchons qu'il la revoie!

ERINNE.

Je l'ai vu....

SAPHO *(l'interrompant avec anxiété,*

Tu l'as vu?....

ERINNE.

Triste, morne, inquiet,
Et je viens avant tout dans l'excès de ma joie,
Vous apprendre qu'enfin le ciel vous le renvoie.

SAPHO *(après avoir regardé par-tout avec une tranquilité affectée.)*

S'il est ici.... dis-moi, pourquoi ne vient-il pas?

ÉRINNE.

Peut-être le remords, la honte qui l'accable....

SAPHO *(avec vivacité.)*

Quand un amant revient est-il jamais coupable?
(à Érinne.)
Pourquoi toi-même aussi ne point suivre ses pas?

DAMOPHILE.

Permettez que mon zèle....

SAPHO.

Oui, vole sur sa trace.
Peins lui mon cœur, mes feux, le trouble de mes sens,
Et s'il croit que Sapho ne sait point faire grâce,
Pour l'obtenir de lui.... dis-lui que je l'attends.

(*Damophile sort.*)   (*à Stésichore.*)

Dis lui.... Mais vous aussi, mon père !
Dieux ! pourquoi ce regard sévère ?
Il porte dans mon sein, le trouble, la terreur...

STÉSICHORE.

J'hésite à vous offrir une triste lumière ;
Mais je crains plus encore qu'un espoir téméraire...
Cléis est dans ces lieux et....

SAPHO (*l'interrompant.*)

Quelle est votre erreur !
Viendraient-ils me chercher pour causer mon malheur ?

FINALE.

Mais quoi ! j'y vais aller moi-même ;
Qui, mieux que moi, peut l'attendrir ?
Qui, mieux que moi, peut lui faire sentir
Comme on pardonne quand on aime,
Je lui dirai, Phaon, c'est moi....
C'est ta Sapho, tendre et fidelle,
Phaon, veux-tu vivre, pour elle,
Elle voulait mourir pour toi ?
Viens, mon Érinne, mon amie,

Venez toutes; n'hésitons plus,
S'il m'accable de ses refus,
S'il me force à perdre la vie,
Par vos pleurs, à mon cœur si doux,
Déchirez son âme cruelle :
Qu'il regrette au moins, l'infidèle,
De m'avoir arrachée à vous.

STÉSICHORE.

N'espérez pas, jeune insensée,
Mépriser ainsi la raison ;
Suivez votre aveugle pensée,
Vous même allez chercher Phaon !
Mais si l'ingrat encore vous laisse,
Et si vous bravez le trépas ;
Je trouverai dans ma tendresse
La force d'arrêter vos pas.

SAPHO (*voulant sortir.*)

N'arrêtez point mes pas.

LES ÉLÈVES et STÉSICHORE.

Nous vous suivrons sans cesse.

SAPHO.

Je veux être enfin ma maitresse
Il partagera ma tendresse,
Non, je n'en doute pas.
Laissez-moi, laissez-moi.

LES ÉLÈVES et STÉSICHORE.

Nous ne vous quittons pas. etc.

(*Ils sortent tous avec précipitation.*)

FIN *du premier acte.*

ACTE II.

Le théâtre représente une place ; à droite du spectateur, est un temple disposé de manière qu'on puisse y voir la statue d'Apollon ; du même côté, dans l'éloignement, on apperçoit l'habitation des Prêtres : le fameux rocher de Leucade est dans le fond, à gauche, donnant sur la mer qui occupe le fond du théâtre. Le Grand Prêtre et les Prêtres sont près de l'autel d'Apollon. Les Leucadiens et Leucadiennes, hors du temple.

SCENE PREMIERE.

Le GRAND PRÊTRE, UN PRÊTRE, PRÊTRES, LEUCADIENS ET LEUCADIENNES.

Le CHŒUR.

O fils du maître du tonnère,
Nous élevons nos bras vers toi :
Apollon, reçois la prière
D'un peuple soumis à ta loi.
De ce rocher, de ces abymes,
Éloigne les faibles amans ;
Ils ne t'offrent que des victimes,
Tu dois préférer notre encens.

LE GRAND PRÊTRE *(aux Leucadiens.)*

Allez, des dieux toujours implorez la clémence,
Mais respectez leur volonté :
Ce n'est que par l'obéissance
Qu'on a des droits à leur bonté.

(Les Leucadiens sortent : le grand prêtre arrive sur l'avant-scène.)

LE GRAND PRÊTRE *(aux prêtres de sa suite.)*

Déjà depuis longtems, dédaignant nos oracles,
Les amans malheureux ne viennent plus chercher
La mort ou le repos sur ce fatal rocher;
    On s'accoutume à craindre ces spectacles,
Et nous oublions trop qu'étonner les esprits
Est de notre pouvoir une base constante,
Et qu'à l'erreur bientôt succède le mépris,
Quand elle a cessé d'être une erreur imposante.
Quoi ! faut-il s'endormir dans un repos honteux ?

UN PRÊTRE.

    Rassurez-vous; le destin nous prépare
Mieux encor que nos soins un sacrifice heureux.
Une femme célèbre et que l'amour égare,
Vient chercher sur ces bords un trépas glorieux;
Déjà plus d'une fois dans l'ardeur qui l'anime,
Sans crainte ses regards ont mesuré l'abyme.

LE GRAND PRÊTRE.

On la nomme ?

LE PRÊTRE.

    Sapho.

LE GRAND PRÊTRE.

        Sapho ? Que dites-vous ?..
Cette femme célèbre, ornement de la Grèce ?

LE PRÊTRE.

Elle-même.

LE GRAND PRÊTRE.

C'est-là qu'il faut user d'adresse,
Amis, c'est-là qu'il faut s'entendre tous.
Pour mieux nous assurer un si brillant exemple,
Par des discours trompeurs, des oracles adroits,
Entraînons les esprits, sanctifions nos droits...
Mais on vient, rentrons dans le temple,

SCÈNE II.

LES PRÉCÉDENS, DAMOPHILE.

DAMOPHILE.

Je venais vous parler, restez, ne craignez rien.

LE GRAND PRÊTRE.

Que voulez-vous de nous ?

DAMOPHILE.

Un moment d'entretien.
Sapho, vous le savez, sur ce rocher funeste
Vient chercher aujourd'hui le seul bien qui lui reste,
La mort....

LE GRAND PRÊTRE.

Nous ignorons la volonté des dieux.

DAMOPHILE.

Envain vous prétendez vous cacher à mes yeux ;
Je sais jusqu'où s'étend votre pouvoir suprême,

Et je ne viens point en ces lieux
Pour troubler des desseins que j'approuve moi-même,
J'y viens vous enseigner à mieux perdre Sapho,
J'y viens, à mes projets pour mettre enfin le sceau.
En un mot je la hais, et c'est assez vous dire
Quel est le sentiment qui près de vous m'attire.

Le Grand Prêtre.

Je ne devine pas.....

Damophile.

              Mais vous doutez je croi ?
       Pour calmer votre âme incertaine,
Apprenez le sujet d'une trop juste haine,
Et ne redoutez plus de vous fier à moi.
Alcée et moi, remplis d'une égale tendresse
       Nous vivions heureux et contens ;
L'amour nous enflammait de sa plus douce ivresse,
Quand le nom de Sapho, trop fameux dans la Grèce,
Vint frapper à la fois son esprit et ses sens.
Il la voit, il l'entend, il la nomme sans cesse ;
La connaître, l'aimer, devenir inconstant,
Tout cela fut pour lui l'ouvrage d'un instant....
Je ne puis définir cette haine amoureuse
Qui pénétrant mon sein, me rendit furieuse ;
Et bien que mon amant, peu payé de retour,
Ne goûtât point le fruit d'une flamme parjure,
Ne pouvant le haïr, je jurai par l'amour
De punir sur Sapho ma honte et mon injure.

Le Grand Prêtre (*avec une surprise affectée.*)

Un serment....

Damophile.

          Je le tins, j'osai feindre d'aimer
Celle que sans fureur je ne pouvais nommer,

Et sachant que Phaon, à ses feux peu fidèle,
   Osait, adorer en secret
Cléis, aimable enfant que Sapho chérissait,
Je me dis : c'est par-là qu'il faut me venger d'elle.
Et d'un feint sentiment me parant à propos,
Je lui ravis Cléis, Phaon et le repos.

LE PRÊTRE.

Sans doute, c'est alors que dans ces lieux conduite,

DAMOPHILE.

Moi-même je pris soin d'y diriger ses pas,
  Et dans la douleur qui l'agite,
Elle allait à mes yeux se livrer au trépas,
Quand Phaon et Cléis, faibles et sans défense,
Troublés par des remords, sans raison, sans sujets,
Se quittant, se cherchant, plus épris que jamais,
Viennent ici tous deux lui rendre une espérance
Qui la dérobe aux coups que portait ma vengeance.
Douterez-vous encor de mon cœur furieux ?....

LE GRAND-PRÊTRE.

De ce discours que devons-nous attendre ?

DAMOPHILE.

Ne dissimulez plus, l'instant est précieux,
Pour perdre ma rivale, il ne faut que s'entendre,

(*Le Grand-Prêtre veut parler, elle l'en empêche en continuant.*)

Et c'est votre intérêt et le mien que je veux....
Loin des yeux de Sapho, dans ce lieu solitaire,
  Je vais d'abord réunir nos amans :
  Cléis est faible et Phaon sait lui plaire,

J'ose tout espérer de ces heureux momens.
Mais pour ne plus tromper mes soins et ma colère,
Dans les premiers transports de leurs cœurs trop épris,
Cette nuit même, ici, dans l'ombre et le mystère.
Avant tout, par l'hymen je veux qu'ils soient unis.
Cependant élevez votre voix redoutable,
Intimidez Sapho, dont les sens égarés
Se laisseront séduire à des ordres sacrés,
Et saisissant l'instant où cet hymen coupable
Portera dans son sein les feux du désespoir,
Donnez-nous un exemple à jamais mémorable,
Et délivrez mes yeux du tourment de la voir.

LE GRAND-PRÊTRE *(après un instant de silence.)*

Sans nous associer au desir qui vous guide,
  Un lien sacré nous décide;
De Phaon, en secret, nous formerons les nœuds.
Pour Sapho, de son sort nous ne sommes point maîtres;
Mais le ciel, qui souvent daigne inspirer les prêtres,
Peut-être, en ce moment, vous apprendra par eux,
Que tout leur est permis quand leur zèle est pieux.
 Ils sortent du côté de leur habitation.

SCÈNE III.

ARIETTE.

DAMOPHILE. *(seule.)*

Enfin l'heure est venue;
Je saurai la saisir;
Les Dieux m'ont entendue,
Ils vont enfin punir!
Leur foudre vengeresse
Est remise en mes mains;
Terrassons qui nous blesse:
C'est imiter les Dieux, que frapper les humains.

Mais quoi ! pour être ma victime,
Sapho ! qu'as-tu donc fait ?
Alcée ! indigne auteur du tourment qui m'anime,
Faut-il donc par un crime,
Egaler ton forfait ?
Je le vois..., il s'avance...
Il détourne les yeux !
D'une juste vengeance
Il paraît furieux.....
Alcée arrête, écoute !
Viens abjurer tes torts ;
D'une amante trahie excuse les transports,
Mais non !..... tu fuis !..., sans doute
Ingrat ! tu veux m'ôter jusques à mes remords !.....
Eh bien ! l'heure est venue, etc.

(*Elle regarde.*)

Phaon ne paraît point encore,
Sapho, malgré mes soins, l'aurait-elle surpris ?....;

(*Elle écoute.*)

Mais le voici, je crois ?..... allons chercher Cléis;
Risquons tout pour la rendre à l'amant qu'elle adore,
Embrâsons leur amour des transports de mon cœur,
Terrassons ma rivale, ou mourons de douleur,

(*Elle sort.*)

SCENE IV.

SAPHO, *dans le plus grand désordre et désespoir,*
STÉSICHORE, *les Élèves, quelques Leucadiens
et Leucadiennes, mornes et dispersées.*

SAPHO (*allant çà et là.*)

Je le cherche en tous lieux ! vainement je l'appelle,

Phaon, tu n'entends point mes cris.

(*Avec un cri de désespoir.*)

Phaon!!!

STÉSICHORE (*à part.*)

De son amour ah! quel sera le prix!

SAPHO.

Phaon! entends la voix d'une amante fidèle,

(*Elle marche avec agitation.*)

A qui, dans mon malheur, puis-je donc recourir?
Qui pourra consoler la douleur qui m'agite?
Chaque endroit où je vais, chaque endroit que je quitte,
Je me dis: en ces lieux peut-être il va venir,
Peut-être, à l'instant même, il venait d'en sortir;
Un espoir me retient, un autre espoir m'entraîne,
Je vais, je viens, je cours, interdite, incertaine,
Je demande Phaon. je ne le trouve pas,
Et je meurs mille fois en lui tendant les bras!

SCENE V.

Les Précédens, ERINNE, PHAON, LEUCADIENS.

On entend des Leucadiens s'écrier: le voilà, le voilà; ils paraissent conduisant Phaon, qui semble contraint. Erinne les devance.

ERINNE, LEUCADIENS ET LEUCADIENNES.

Le voilà! le voilà.

SAPHO (*tombant dans les bras de Stésichore.*)

..... Dois-je croire!...., j'expire!

ERINNE.

Ah! vivez pour Phaon.

SAPHO.

Pour Phaon! je le voi,
Je n'en puis plus douter... C'est lui... lui... près de moi!..

(Elle s'approche vivement, puis dit avec timidité:)

A l'instant même, ici, je peignais mon délire,
Mes feux, mes transports. ma douleur.
Te voilà,... je te vois... et je ne puis rien dire...
Tout est là!... concentré... dans le fond de mon cœur.

PHAON.

(à part, dans le plus grand accablement.)

Que lui répondre? ô Dieux!

SAPHO.

Dis-moi... que dois-je croire?
Dis... ton cœur n'a donc pas tout-à-fait oublié
Celle qui de t'aimer faisait toute sa gloire?
Tu reviens donc vers elle?... est-ce amour ou pitié?

PHAON.

Mes torts...

SAPHO.

N'achève pas,... l'amour enfin m'éclaire.
Moi seule j'eus des torts, je le sens à présent;
Je crus qu'il suffisait d'adorer son amant,
J'oubliai qu'il fallait lui plaire.
Tu ne me verras plus attachée à tes pas;
Inquiète, agitée et sans doute importune,
De mes maux, de mon infortune,
Non, je ne te parlerai pas....

Tu détournes les yeux ?... est-ce que tu m'abhorres ?...
Permets-moi seulement d'insister sur ce point ;
Ne me dis pas que tu m'adores,
Dis-moi que tu ne me hais point.

PHAON.

Puis-je haïr des Dieux le plus parfait ouvrage ?

SAPHO (*avec enthousiasme.*)

Je le savais bien moi, qu'il n'était plus volage.

STÉSICHORE.

Si vraiment le remords vous ramène à ses pieds,
N'en doutez point, Phaon, vos torts sont oubliés.
Mais songez-y, craignez de devenir coupable ;
Pour elle, sur vos feux je veillerai toujours,
Et devant l'univers je vous rends responsable
De son bonheur et de ses jours.

PHAON (*dans le plus grand trouble.*)

Croyez que je gémis sans cesse
Des maux que j'ai pu lui causer ;
Croyez qu'à mes yeux ma faiblesse
Jamais n'a pu les excuser,
Et jugez aujourd'hui par l'excès de ma peine...

STÉSICHORE.

Qu'un serment à son sort pour jamais vous enchaîne ;
Jurez entre mes mains,...

SAPHO.

Non, non, point de serment !
Vous l'offensez, il est sincère,
Et le plus sûr engagement

C

Est celui que l'amour sait faire.
(*à Phaon.*)

Peins lui donc, avec moi, l'amour que tu ressens,
Excuse ses soupçons, son amitié sévère;...
Nous devons l'honorer, le chérir comme un père,
Dis.... ne serons nous pas tous les deux ses enfans?...
Mais tu ne réponds rien? tu sembles te contraindre?
Quand Sapho même a cessé de se plaindre,
Qui peut causer le trouble de tes sens?

PHAON.

Mes souvenirs (*à part.*) et mon ingratitude:
(*haut.*) D'un instant de repos si je pouvais jouir?
(*Phaon observe souvent avec inquiétude si Cléis paraît.*)

SAPHO.

Eh bien! pourquoi cacher cet innocent desir?
Fallait-il m'affliger? Après l'inquiétude,
Ne sais-je pas qu'on aime un peu de solitude?
Ton silence déjà m'allarmait sur ta foi;...
Ah! que l'on est souvent injuste malgré soi!
Reste seul un instant. Dans l'excès de ma joie,
Moi, je vais consulter les ministres des dieux,
Et savoir si le sort qui vers moi te renvoie
Ne traversera plus nos plaisirs et nos feux.

STÉSICHORE (*à part.*)

Que je redoute encore!

SAPHO. (*à part.*)

Oui, de l'oracle même;
Sachons d'où naît en lui ce secret embarras....
(*A Phaon.*)
Je te quitte.... il le faut.... tu le veux, et je t'aime;
(*Avec timidité*)
Cependant, promets-moi qu'ici tu resteras.

PHAON

Oui.... je vous le promets.... *(à part.)* Qu'osai-je dire hélas ?

SAPHO *(aux Leucadiens.)*

Vous qui, touchés de ma douleur extrême,
Avez suivi mes pas pour calmer mes tourmens,
Venez, amis, nos mains, nos prières sont pures,
Allons offrir aux dieux nos vœux et notre encens ;
Et puissent aujourd'hui de propices augures
Me promettre un bonheur différé si longtems !

(Ils sortent pour se rendre chez les prêtres.)

SCÈNE VI.

PHAON *(seul.)*

ARIETTE.

Le destin me persécute,
Tout m'accable, tout me nuit,
En tout lieu je suis en butte
Au malheur qui me poursuit.
Si le sort inexorable
Peut me faire ainsi souffrir,
Grands dieux ! quand on est coupable
Comment sait-il donc punir ?

O ma Cléis , ô mon amie !
Vois mon amour, vois ma douleur ;
Reviens, c'est Phaon qui t'en prie,
Reviens lui rendre le bonheur.
Ne voyons que nous sur la terre,
Et par l'amour laissons-nous enflammer,

Je ne vivrai que pour te plaire,
Tu ne vivras que pour m'aimer.
Que dis-je ? je m'égare....
Elle ne paraît pas....
Le malheur nous sépare !
Amour, ordonnes-tu ma vie ou mon trépas ?

Le destin, etc.

SCÈNE VII.

DAMOPHILE, PHAON.

PHAON.

Ma chère Damophile, en vous seule j'espère ;
Où fuir, que devenir, que faire ?
Cléis ne paraît point,... et j'ai revu Sapho !

DAMOPHILE (*étonnée.*)

Sapho ? Ciel !...

PHAON.

Je venais dans ce lieu solitaire
Redoutant malgré moi quelque malheur nouveau ;
Soudain j'entends Sapho qui me cherche, m'appelle ;
On me voit, on m'entoure, on m'entraîne près d'elle,
Je veux la détromper d'une fatale erreur,
Mais ses pleurs, son espoir, sa tendresse cruelle,
Ces remords qui partout me glacent de terreur,
Tout a fermé ma bouche.... et déchiré mon cœur !

DAMOPHILE.

Mais... je ne la vois point.

PHAON.

Elle va de l'oracle
Savoir si le destin permet notre union.
A mon bonheur encor c'est un nouvel obstacle.
O funeste moment, ô malheureux Phaon !

DAMOPHILE *(après un moment de réflexion.)*

Rassurez-vous ; Cléis en ces lieux va se rendre :
J'ai su justifier à ses yeux votre ardeur....,.

PHAON *(avec joie.)*

Quoi ! l'amour dans son cœur a pu se faire entendre ?

DAMOPHILE.

Oui, livrez-vous sans crainte au transport le plus tendre;
L'amitié veillera. *(à part.)* Mieux encore la fureur !

SCÈNE VIII.

PHAON, CLÉIS, DAMOPHILE.

CLÉIS *(dans le fond du théâtre.)*

Où vais-je ?... malgré moi.... j'hésite.... je chancelle.

PHAON *(courant vers elle.)*

Il est donc vrai qu'enfin nous sommes réunis !

CLÉIS.

Cher Phaon!... est-ce toi?... Tu reviens vers Cléis?
Lorsque je t'accusais tu me restais fidèle?...
Grands dieux! si pour l'aimer je deviens criminelle,
Contre lui, contre moi, soyez donc mon soutien!

DAMOPHILE (*à part.*)

Profitons du moment, ne ménageons plus rien. *(elle sort.)*

DUO.

PHAON et ensuite CLÉIS.

Plus de regrets, plus de tristesse,
Ne songeons qu'à notre bonheur.
O cher objet de ma tendresse,
J'abjure une injuste rigueur;
Je ne vois plus que ton ivresse,
Je ne sens plus que mon ardeur.

PHAON.

Loin de toi je me crois coupable,
Mais puis-je l'être en te voyant?

CLÉIS.

Loin de toi, le remords m'accable,
Mais je l'oublie en t'écoutant.

ENSEMBLE.

Enfin que l'hymen nous unisse,
N'hésitons plus, voilà l'instant;
Amour, amour, sois-nous propice !

Nous te servons en t'offensant.

Plus de regrets, etc.

SCÈNE IX.

Les Précédens, DAMOPHILE, SAPHO.

Sapho paraît, conduite par Damophile qui lui montre les deux amans ; elle s'approche d'eux précipitamment, et les sépare avec indignation. Damophile se retire, mais elle revient les observer de tems en tems.

SAPHO.

(à Phaon.)

Ingrat, c'est donc ainsi que tu n'es plus volage ?

(à Cléis.)

Monstre, c'est donc ainsi qu'il a trahi sa foi ?
Les voilà, les amans qui revenaient vers moi !

CLÉIS (à part.)

Que devenir ?...

PHAON (à part.)

Grands dieux, soutenez mon courage !

SAPHO.

Et j'ai pu tous les deux les presser sur mon sein.
Avec eux sur leurs maux je me suis attendrie,
Et les pleurs qu'essuyait ma main
Étaient ceux de la perfidie !

CLÉIS

Non !...

SAPHO.

Mais que t'ai-je fait pour me causer la mort ?
Au défaut des parens que te ravit le sort,
N'ai-je pas élevé ton enfance timide,
Ne t'ai-je pas servi de soutien et de guide ?
Et lorsqu'après ta fuite, un instant, tu semblas
Sentir ta noire ingratitude,
Ne t'ai-je pas, perfide, encor tendu les bras ?
Me suis-je fait un jeu de ton inquiétude ?
Et n'as-tu pas trouvé dans ma tendre amitié
Ce repos qu'aujourd'hui tu m'ôtes sans pitié ?

CLÉIS (*avec la plus grande douleur.*)

Oui, Sapho, je l'avoue, oui, je suis une ingrate ;
Qu'en reproches sur moi votre courroux éclatte,
Ils n'égaleront pas mes combats douloureux,
Je voudrais à l'instant expirer à vos yeux !

SAPHO (*tranquillement.*)

Tiens, regarde, Phaon, tiens, voilà ton ouvrage.
La voilà sans espoir, sans force, sans vertu,
Son cœur était sensible, et tu l'as corrompu.

PHAON.

C'en est trop ! je ne puis supporter cet outrage !...

SAPHO.

Tu ne peux supporter cet outrage ! et pourtant
Des maux que tu me fais, tu supportes la vue ;
Tu me vois à tes pieds, suppliante, éperdue,

Et tu parais, cruel, m'y voir tranquillement.
Est-ce donc là le prix de mes feux, de mes larmes;
Et pour frapper mon cœur n'as-tu point d'autres armes?

PHAON.

Vous déchirez le mien!...

SAPHO.

      Quand je bravai les flots,
Dans l'espoir d'arrêter ta fuite téméraire,
On me disait, Sapho, Sapho, qu'allez-vous faire?
Faut-il vous exposer à la fureur des eaux,
Fuir, peut-être à jamais vos amis et Lesbos,
Pour chercher un ingrat peu digne de vous plaire?
Je répondais, non, non, je meurs à chaque instant,
Et j'aime mieux encore mourir en le cherchant.
Je partis; j'oubliai jusqu'à mon existence;
Et de tant de tourmens voilà la récompense!
Mais tu frémis, je crois?... Si je pouvais penser...
Eh bien, parles.... dis-moi... parles, tout te l'ordonne!

PHAON.

Je ne mérite pas que Sapho me pardonne.

SAPHO.

Il ne mérite pas!... Il l'a pu prononcer!...
Il ne mérite pas!... (*avec anxiété.*) Dieux puissants! qu'il en coûte
A s'entendre assurer un malheur qu'on redoute!

    (*Elle éclate.*)

Oui, traître! tu dis vrai, je le sens je le vois,
Tu ne mérites pas l'amour que j'ai pour toi.

Tu t'es fait un plaisir barbare
D'empoisonner deux cœurs que la tendresse égare,
D'en troubler l'union, d'en détruire la paix,
Et pour mieux mettre enfin le comble à tes forfaits,
Tu reviens aujourd'hui, pour consommer le crime,
Savoir qui, de nous deux, doit être ta victime;
Eh bien, ce sera moi !

PHAON (*l'arrêtant.*)

Quel transport vous anime ?

SAPHO (*le repoussant.*)

Laisse moi, laisse moi, je puis te contenter;
Je n'ai pas attendu, pour braver cet abyme,
Perfide ! que ton bras vint m'y précipiter.

CLÉIS (*se jettant à ses pieds.*)

Voyez nos pleurs......

PHAON (*de même.*)

L'effroi qui tous deux nous agite.....

SAPHO.

Que m'importent des pleurs que la faiblesse excite ?

PHAON.

Le bonheur de Sapho peut seul nous consoler

SAPHO (*fièrement & après un moment de silence.*)

Qui m'en sera garant ?

On entend un bruit extraordinaire.

CLÉIS.

Les dieux qui vont parler.

SCÈNE X.

LE GRAND PRÊTRE, PRÊTRES, STÉSICHORE, ÉRINNE, DAMOPHILE, LES ÉLÈVES, LES LEUCADIENS ET LES LEUCADIENNES.

Ils accourent tous en foule pour entendre l'oracle. Le grand prêtre et les prêtres se placent dans le temple. Damophile va près de Cléis qu'elle rassure. Sapho et Phaon s'arrêtent et écoutent avec la plus grande inquiétude.

LE GRAND PRÊTRE.

Tout ici d'Apollon annonce la présence ;
Ce dieu sur les autels descend à notre voix,
  Mortels, il va dicter des loix,
  Prosternez-vous tous en silence.

    (On se prosterne.)

L'ORACLE.

LES TOURMENS DE SAPHO, VONT FINIR SANS RETOUR,
PHAON DOIT PAR L'HYMEN CONSACRER SON AMOUR.

PHAON *(avec effroi.)*

Son amour,... quel amour ?... ô lumière funeste !...
Son hymen et la mort, voilà ce qui me reste.

Pendant ces deux vers, Cléis veut se jetter dans les bras de Sapho, qui la remet dans ceux de Damophile; elles sortent. Sapho est dans la joie la plus pure. Phaon, malgré sa douleur, paraît entièrement décidé pour elle.

LE CHŒUR.

Vive Sapho, vive Phaon !
Ce jour va terminer leur peine,
Le destin a parlé par la voix d'Apollon,
Il veut sur ses autels que l'hymen les enchaine.

SAPHO.

(*Une réflexion semble l'arrêter, elle se jette aux pieds de l'autel.*)

Prosternée aux pieds des autels,
J'implorais le retour de celui que j'adore ;
Vous m'avez exaucée, ô puissants immortels !
Mais souffrez que ma voix vous importune encore.
D'un noir pressentiment mon cœur est agité,
Prête à jouir d'un bien que j'ai tant souhaité,
Je crains qu'il ne soit dû qu'à la faveur suprême ;
Je crains que votre autorité
Ne me rende celui que j'aime ;
Ah ! laissez-lui la liberté
De se donner lui-même ;
Que par l'ordre des dieux il ne soit plus lié,
Mais rendez-le sensible au tourment qui m'oppresse,
Que ce soit son amour, et non votre pitié,
Qui le ramène à ma tendresse.

LE GRAND PRÊTRE.

Ne vous défiez point de la bonté des dieux ;
Allez vous préparer au plus sacré des nœuds.

LE CHŒUR *(ramenant Sapho vers Phaon.)*

Non, ne résistez plus, votre frayeur est vaine ;
Le destin a parlé par la voix d'Apollon,
Il veut sur ces autels que le jour vous ramène.
   Vive Sapho, vive Phaon !

(Les prêtres sortent.)

SCÈNE XI.

SAPHO, PHAON, STÉSICHORE, ÉRINNE, ÉLÈVES, LEUCADIENS ET LEUCADIENNES.

STÉSICHORE.

Enfin tout nous devient propice,
Le ciel est appaisé, ne redoutons plus rien ;
Venez, ô mes enfans, qu'un ami vous unisse.

(Il présente à Phaon la main de Sapho.)

PHAON.

Grands dieux qui l'ordonnez, protégez ce lien !

SAPHO.

O moment enchanteur, ô volupté suprême !
C'en est donc fait, Phaon, tu réponds à mes vœux ;
  Je suis l'objet que ton cœur aime ;
Que nous allons passer des jours délicieux !
Oui, je te donnerai toute mon existence,
Je vivrai, pour toi seul, par ta seule présence ;
J'abandonne ces arts qui charmaient ma douleur,
J'abandonne les prix, les lauriers de la gloire,

J'ai vaincu mon amant, l'amour et le malheur.
Je ne veux plus d'autre victoire.

STÉSICHORE.

Que dites-vous ? l'amour n'exclud point les talens ;
L'émotion qu'ils font naître en notre ame
Est un bienfait dans tous les tems ;
Ils embelliront votre flamme,
Comme ils enchantaient vos tourmens.
Cherchez plutôt, cherchez leur aimable influence

SAPHO.

Ah ! si c'est un moyen de plaire à ses regards,
Inspire moi dieu des beaux arts,
Viens embrâser mon cœur de leur divine essence !

(A Phaon.)

Mais je ne veux chanter que l'amour et nos nœuds :
Quand le destin jaloux de nous voir trop heureux,
Troublera nos plaisirs par un moment d'absence,
J'aurai besoin encor de parler de mes feux...
Et je me tromperai par des chants amoureux.

FINALE.

Ariette.

SAPHO.

Enfin, je vais donc être heureuse,
Non, non, je n'en puis plus douter,
D'une fortune rigoureuse.
Je n'ai plus rien à redouter.
L'ordre des dieux me rend la vie,
Et mon amant me rend son cœur ;
Jusqu'aux regrets de mon amie

Tout vient assurer mon bonheur.

Moments cruels où j'osai croire
Que je le perdais pour toujours,
Fuyez, fuyez de ma mémoire,
Laissez-y régner les amours.
Et toi, rocher funeste et sombre,
Tu ne m'entendras plus gémir.
Pour la premiere fois ton ombre
Servira de voile au plaisir.

LE CHŒUR.

Puisse plutôt la céleste vengeance
Sur ce rocher faire tomber ses coups !
Puisse-t'il dans les flots s'abimer devant nous !
Puissions-nous oublier jusqu'à son existence,
Et demain, quand Phœbus nous rendra sa présence,
Puissent enfin ces lieux, de larmes, de douleur,
Devenir à nos yeux le temple du bonheur !

SAPHO.

De l'hymen, de l'amour, puisqu'enfin c'est la fête,
Amis, qu'à les chanter chacun de nous s'apprête ;
Venez tous avec moi, demain avant le jour,
Célébrer en ces lieux et l'hymen et l'amour.

LE CHŒUR.

Avec la renaissante aurore,
Oui, dans ces lieux nous reviendrons,
Ici nous vous ramènerons

L'objet que votre cœur adore :
De fleurs nous vous couronnerons,
Nous formerons votre hyménée,
Et nous prierons la destinée
De répandre sur vous ses dons.

(*Ils sortent en entourant Sapho et Phaon.*)

(*Fin du second acte.*)

ACTE III.

SCÈNE PREMIÈRE.

(La scène est toujours devant le temple, il est nuit.)

DAMOPHILE, UN PRÊTRE, PLUSIEURS HOMMES, LEURS COMPLICES.

DAMOPHILE *(marchant à pas lents et observant les lieux.)*

Ne craignez rien, avancez-vous.

LES HOMMES.

Ne craignons rien, avançons-nous.

DAMOPHILE ET LES HOMMES.

Nous sommes seuls, le ciel est sombre,
La nuit nous couvre de son ombre,
Ne craignons rien, avançons-nous.

UN HOMME.

Que faut-il faire ? instruisez-nous.
Parlez ?

E

DAMOPHILE.

Ici dispersez-vous,
A tous les yeux dérobez-vous,
Mais à ma voix rassemblez-vous,
Et sachez, profitant de la force et du nombre,
Sur ces bords nous embarquer tous.

LES HOMMES.

Ne craignez rien, comptez sur nous,
Nous saurons, profitant de la force et du nombre,
Sur ces bords vous embarquer tous.

DAMOPHILE.

Bravez leurs cris et leur courroux.

LES HOMMES.

Nous braverons leurs cris et leur courroux.

DAMOPHILE.

Que rien sur-tout ne me décèle.

LES HOMMES.

Reposez-vous sur notre zèle,
Ne craignez rien, comptez sur nous, etc.

DAMOPHILE.

Tout est-il prêt ?

LES HOMMES.

Comptez sur nous, etc.

A la fin du morceau, les hommes sont déjà disposés et cachés en différents endroits, parle prêtre qui les conduit, Damophile reste seule un instant sur l'avant scène.

DAMOPHILE.

O toi qui m'accablas de ton indifférence,
Alcée ! ingrat objet de mes plus tendres vœux,
   Trembles, je tiens en ma puissance
Et l'objet de ma haine, et celui de tes feux,
Et je sens qu'il ne reste à mon cœur malheureux,
   Que la fureur et la vengeance.

LE PRÊTRE.

Tout est prêt et les dieux seront contens de nous ;
Car je vois, au transport dont le ciel vous anime,
Que c'est sa volonté qu'il nous apprend par vous.

DAMOPHILE.

Oui, oui, les dieux et moi, voulons une victime;
Si l'hymen de Phaon ne me l'assure pas,
Si Cléis ose encor refuser d'y souscrire,
Dans ce dernier moment où l'amour qui l'inspire.
Grace à mes soins, ici, va diriger ses pas,
Je jure, de nouveau, qu'au défaut de l'adresse,
La force, de tous deux, me rendra la maîtresse.

UN PRÊTRE.

Allez ! déjà je crois appercevoir Phaon
Evitons ses regards ! redoutons le soupçon.

      (*Ils sortent.*)

SCÈNE II.

Phaon *(arrivant à pas lents.)*

Tout repose, tout dort, la nuit et le silence
De ce séjour encor semblent doubler l'horreur ;
D'un mouvement secret de crainte, de terreur,
J'éprouve, malgré moi, la funeste influence.
Je frémis !.., Cependant la tranquille innocence
Goûte au sein du sommeil un calme bienfaiteur ;
Sapho, dans une douce et paisible assurance,
Peut-être un songe heureux ajoute à ton erreur.
Tu dors en paix,.... Tu dors, et moi dans ma douleur
    Ingrat ! pour une autre je veille !
Mais n'en accuses point une volage ardeur :
    Sommeille en paix, Sapho, sommeille.
Averti par les dieux, je viens, malgré mon cœur,
Pour conserver tes jours, renoncer au bonheur.

AIR:

  O douloureux sacrifice !
  Cléis, il faut donc nous fuir ;
Toi-même as prononcé l'arrêt de mon supplice,
Et mon cœur attendri n'a pu te démentir.
  Mais je vais la revoir encore ;
  Oui, je vais entendre sa voix ;
  Je vais lui dire : je t'adore.
  Oui, je vais la revoir encore,....
  Mais c'est pour la dernière fois.

  O douloureux ! etc.

Non, non, fuyez transport coupable,
Ingrat amour, lâche désir,
De cet oracle redoutable,
Oui, chaque mot me fait frémir.
La terreur me suit et m'agite,
En vain je veux braver le sort,
Contre moi l'univers s'irrite,
Je vois Sapho, je vois la mort....
Sapho, pardonne si j'hésite,
Laisse-moi soupirer encor,
Ce soupir, que l'amour excite,
De l'amour est le dernier tort.

SCÈNE III.

DAMOPHILE, CLÉIS, PHAON.

Phaon et Cléis se regardent en silence, se montrent le rocher, veulent se parler, s'approchent, s'arrêtent, et après un moment de ce silence douloureux, Phaon dit d'une voix entrecoupée.

PHAON.

Eh bien! Cléis!...

CLÉIS.

C'en est donc fait, Phaon?

PHAON.

Oui, je serai malheureux!...

CLÉIS.

Non,
Ne crois pas que l'amour toujours ainsi t'outrage !
Les dieux protégeront cet effort généreux,
Tu ne seras point malheureux.
Ah ! c'est le seul espoir qui soutient mon courage !

PHAON.

Quoi ! faudra-t'il même à tes yeux...
D'un autre hymen former les nœuds ?
Non !

CLÉIS.

Qu'oses-tu penser ? l'oracle irrévocable
Qui promet à Sapho la fin de son tourment,
Dit assez qu'il faut être infidèle ou coupable ;
Qui peut finir ses maux ? La mort, ou son amant.

DAMOPHILE.

Dites plutôt, l'hymen que le sort vous ordonne ;
Lorsque l'espoir nous fuit, l'amour nous abandonne.
Osez former vos nœuds, bravez ce vain effroi ;
De la nécessité Sapho suivra la loi.

CLÉIS.

Si je m'abuse, hélas ! que le ciel me pardonne !
Mais je ne puis dompter mes noirs pressentimens.

PHAON.

Ciel !

CLÉIS.

Tu peux hésiter ; à ta reconnaissance

Sapho n'a d'autres droits que des feux trop constans:
Mais moi ! moi, qui lui dois jusqu'à mon existence,
Je pourrais !... Loin de moi ces indignes forfaits !
Par l'amour, la douleur, je serai poursuivie ;
Ce sacrifice affreux peut me coûter la vie,...
Mais l'ombre de Sapho ne se plaindra jamais
Que son enfant chérie oublia ses bienfaits.

DUO.

CLÉIS ET PHAON.

Jurons, jurons par l'amour même,
De renoncer à notre amour.
Jurons, jurons, par l'amour même,
De nous séparer sans retour.

PHAON.

C'est dans les mains de ce que j'aime
Que je dépose ce serment.
Puisse des dieux la justice suprême
Favoriser ce parjure innocent !

(*Damophile avertit ses complices ; ils s'approchent doucement.*)

CLÉIS.

Adieu !

PHAON.

Cher objet de ma flamme !
Faut-il nous séparer ?

CLÉIS,

Adieu !

PHAON.

Quel désespoir affreux vient agiter mon âme !

CLÉIS.

De mon amour pour toi, reçois encor l'aveu....

ENSEMBLE.

Adieu ! Adieu !

SCÈNE VI.

DAMOPHILE, LES HOMMES, LES PRÉCÉDENS.

(*Les hommes se jettent sur Cléis et Phaon, et les entraînent vers la mer; ils se débattent.*)

CLÉIS.

Ciel !

PHAON.

O ciel ! Que faites-vous ?

LES HOMMES. { Cédez!
DAMOPHILE { Cédons!

CLÉIS.

Grands dieux!

LES HOMMES.

Suivez-nous.

PHAON.

Vous abusez....

LES HOMMES.

Suivez-nous.

CLÉIS ET PHAON.

Non, non!

LES HOMMES. } Craignez la résistance....
DAMOPHILE. } Qu'elle inutile résistance!

CLÉIS.

Phaon!... Je tombe à vos genoux!

PHAON.

Ah! respectez son innocence!

LES HOMMES.

Suivez-nous.

PHAON,

De cette indigne violence
Qu'attendez-vous?

(On les entraîne)

CLÉIS.

Au secours! au secours!

PHAON.

Lâches que faites-vous!

LES HOMMES.

Suivez-nous,
Embarquez-vous.

(On les embarque, ainsi que Damophile. Dès qu'ils ont disparu, on entend une musique agréable.

SCÈNE V.

SAPHO, STÉSICHORE, ÉRINNE, UNE LEUCADIENNE, LEUCADIENNES, ÉLÈVES, ENFANS.

Le jour paraît. Marche de Leucadiennes habillées en blanc, et portant sur la tête des corbeilles pleines de fleurs;

deux de celles qui ouvrent la marche, portent la statue de l'amour, et deux autres celle de l'hymen : quand elles ont fait la moitié du tour du théâtre, elles posent les statues devant le temple. Sapho, couronnée de fleurs et vêtue de blanc, paraît au milieu de la marche, elle est précédée par deux enfans, dont l'un porte une corbeille où sont deux tourterelles, et l'autre un vase où brûle le feu sacré. Ses élèves la suivent, tenant des lyres et autres instrumens antiques. Stésichore et Érinne la conduisent. La marche se disopse, de façon que quand Sapho arrive à l'autel tout le théâtre est garni de Leucadiennes. Elle cherche Phaon avec un peu d'inquiétude.

SAPHO.

Mais pourquoi dans ces lieux Phaon ne vient-il pas ?
Qui pourrait retenir ses pas ?
Le soleil va bientôt commencer sa carrière :
Quand je devance la lumière,
Phaon doit-il l'attendre ? Hélas !

UNE LEUCADIENNE.

Dissipez ces frayeurs à vos vœux si contraires ;
A l'instant votre amant va paraître en ces lieux :
Nos pères, nos époux, nos amis et nos frères,
Vont venir avec lui prendre part à nos jeux.

SAPHO.

Amour, hymen, partagez mon ivresse,
Sur cet autel descendez à ma voix ;
Et dans ces lieux, effroi de la tendresse,
Unissez-vous pour la première fois !

(L'enfant qui porte le feu sacré le présente à Sapho qui l'offre aux dieux.

SAPHO.

Du feu sacré qu'ici je vous présente,
L'emblème heureux vous peindra mes souhaits;
Que de Phaon la tendresse constante,
Ainsi que lui, ne s'éteigne jamais.

(ÉRINNE *présentant les tourterelles à Sapho.*)

Immolez ces deux tourterelles;
Que l'encens monte vers les cieux;
Immolez ces oiseaux fidelles,
Achevez de fléchir les dieux.
Vous êtes tendre et constante comme elles,
Ce sacrifice est digne de vos feux.

Sapho prend les tourterelles et s'apprête à les immoler, mais tout-à-coup elle hésite, s'arrête, le couteau échappe de sa main.

SAPHO.

Mai quoi! prête à frapper, j'hésite,... je m'égare...
J'éprouve un mouvement soudain...
Le fer échappe de ma main,
La pitié, malgré moi, de mon ame s'empare...
Ces innocens oiseaux, sans doute sont amans,
Leurs regards, leur effroi, leurs murmures touchans,
En eux, oui tout semble me dire
De ne point les priver d'un Bonheur où j'aspire.
Quoi donc, faut-il, pour plaire aux dieux,
Faut-il leur présenter des victimes sanglantes?

Peuvent-ils sans horreur ici jetter les yeux
      Sur des entrailles palpitantes,
      Dont le sang fume devant eux ?
Faut-il pour les toucher détruire leur ouvrage ?
Non, non ! osons braver un si barbare usage,
Par l'excès de l'erreur excusé jusqu'ici,
Que tout avec Sapho soit heureux aujourd'hui,
Et que l'humanité cessant d'être outragée,
Par le bonheur de tous se trouve enfin vengée !
Et vous tendres oiseaux, symboles de l'amour,
Non, ce n'est pas assez de vous rendre le jour ;
Qu'un bien plus précieux vous soit encor le gage
      D'une douce félicité,
      Reprenez votre liberté,
Et portez jusqu'aux cieux l'horreur de l'esclavage !

(Elle leur donne la liberté ; ils s'envolent.)

LE CHŒUR

    Qu'ils reprennent leur liberté,
C'est le plus grand bienfait de la divinité,
      Liberté, liberté !

(Elle commence à s'inquiéter, il paraît quelques éclairs)

SAPHO.

Il ne vient point encore ! oui, de l'inquiétude
On se fait, je le vois, la funeste habitude.
Du bonheur qui m'attend je ne puis plus douter....
Et je n'en doute point.... pourtant faible mortelle,
Ce retard innocent venait me tourmenter,
Et mon esprit, saisi d'une frayeur nouvelle

Par la crainte déjà se laissait emporter...
Ah! que l'erreur des sens souvent nous rend à plaindre!

STÉSICHORE.

Lorsque tout est pour vous, que pouvez-vous donc craindre ?

SAPHO.

Rien; mais prête à jouir d'un bien si désiré,
Il semble qu'étonné d'un bonheur.... qui l'oppresse
   Mon cœur par l'amour égaré,
Cherche à se replonger lui-même en sa tristesse,
Pour goûter le plaisir d'être encor rassuré...,
Mais j'ai tort, je l'avoue, excusez ô mon père!

STÉSICHORE.

Ah ! que j'aime à vous voir vous condamner ainsi!
Il est donc vrai qu'enfin la raison vous éclaire !

SAPHO.

Oui... Mais pourquoi Phaon ?... Que dis-je... le voici!

SCÈNE VI.

LES PRÉCÉDENS, LES LEUCADIENS, UN PRÊTRE.

Les Leucadiens arrivent le prêtre est à leur tête. Sapho s'élance vers eux et cherche Phaon avec une inquié-

tude qui ne tarde pas à être au comble. Les Leucadiens évitent de lui répondre, les éclairs continuent, le tems devient sombre.

SAPHO.

Mais.., Je ne le vois point ! Que faut-il que je pense?..
Mes amis!... répondez !!. Dieux ! quel affreux silence?..
Par pitié dites-moi... Phaon est-il ici?..

LE PRÊTRE.

A vous ravir l'espoir, c'est envain que j'hésite,
Votre malheur paraît trop certain à nos yeux :
Phaon avec Cléis, sans doute, a pris la fuite,
Il n'est point dans ces lieux.

(*Il sort.*)

SAPHO (*avec un effroi concentré.*)

Il n'est point dans ces lieux !
(*Après un sourire forcé.*)
Il n'est point dans ces lieux !..
(*Elle tombe à terre évanouie.*)

STÉSICHORE (*la relevant et la mettant dans les bras des femmes.*)

Secourez-là ! grands dieux.
Mes amis, mes enfans ! Ne perdons pas courage,
Eloignez d'ici cette image
Qui lui rappellerait son malheureux destin ;
(*On emporte les ornemens de la fête.*)
Et vous cherchez encor l'ingrat qui la délaisse,

Que vos cris douloureux le poursuivent sans cesse,
S'il ne vient, de Sapho, le trépas est certain.
Allez amis, allez,

(*Quelques Leucadiens sortent.*)

(*A Sapho.*) Vous qui m'êtes si chère.
Vous, ma fille, pourquoi ce silence effrayant ?
Affligez-vous avec un père,
Et qu'il puisse du moins consoler son enfant.

SAPHO (*brusquement et d'un air égaré.*)

Pourquoi vous affliger ?... moi je me sens tranquille,
Je n'ai plus, dans mon sein, cette flamme inutile ;
Cet amour dévorant qui me suivait par-tout,
Au contraire... J'y sens un frisson,... une glace...
Un poids... Qui cependant me gêne et m'embarasse..,
Je ne sais, mais je crois que je souffre beaucoup...

STÉSICHORE.

Que sur notre amitié votre cœur se repose.

SAPHO. (*sans l'écouter.*)

Un jour, je lui dirai la douleur qu'il me cause,

(*Elle montre le ciel, puis le rocher.*)

Je lui dirai.... Là haut... Là bas... Par-tout.... Ici !..
N'est-il point là ?... je le vois !... oui...
Que me disiez-vous donc ?... Non, non, ce n'est
pas lui !...

Ce n'est pas lui... Ce n'est rien... Je frissonne ;
Il n'est point là !... Cependant je le vois...
Je le vois là...

(*Elle chancelle.*)

Non , non... Ma force m'abandonne....
Adieu , Phaon....., je meurs.... pour toi ?

FINALE.

LE CHŒUR.

Hélas ! elle retombe encore,
Elle va mourir dans nos bras.

(*Il tonne.*)

SAPHO (*revenant , puis retombant.*)

Où suis-je...

LE CHŒUR.

O dieux, que notre voix implore,
O dieux , sauvez la du trépas !

SAPHO.

Où suis-je ?... Ce rocher... Ce feu qui me dévore !..

LE CHŒUR.

Elle va mourir dans nos bras !

[*Le tonnerre cesse.*]

SAPHO.

Que faisons-nous ici ? tout m'y déplait... M'y gêne,
Ce monde autour de moi me fatigue, et me peine....
[*Elle les repousse.*]
Eloignez-vous !

LE CHŒUR.

Non, non !

SAPHO

Pourquoi suivre mes pas ?

LE CHŒUR.

Hélas !

SAPHO [*avec étonnement.*]

M'est-il donc arrivé quelque peine nouvelle ?..
[*Elle porte la main sur son front.*]
Je le crois... Cependant je ne m'en souviens pas...
[*Elle se rappelle.*]
Mais n'est-ce pas ici qu'une chaine éternelle,
Après tant de tourmens doit me mettre en ses bras ?...
[*Elle réfléchit un instant, puis rassemblant tout le
monde autour d'elle, elle dit vivement.*]
Ecoutez, mes amis, une chose effrayante
Et qui me glace encor de crainte et de terreur....
Tandis que sur ces bords l'amitié complaisante
Me laissait du sommeil savourer la douceur,
Un songe, un rêve affreux, a porté l'épouvante

Jusques dans le fond de mon cœur....
Là, dans cet endroit, où nous sommes,
Il m'a semblé voir arriver des hommes
Pâles, défaits, la terreur dans les yeux.
Qui me disaient... Il n'est point dans ces lieux !...
Tenez, j'en frissonne encore....
J'ai senti dans mon cœur un coup si violent....
Que depuis cet instant j'ignore
Ce que j'ai pu faire, et comment
J'attends encor celui qui m'aime et que j'adore,
Pourtant je me souviens que des cris douloureux,
De longs gémissemens, des éclats de tonnerre,
Semblaient annoncer que les dieux
Voulaient avec l'amour anéantir la terre....
Eh bien ! n'est-il pas vrai que ce rêve est affreux ?...

(Il fait un coup de tonnerre, elle paraît frappée.)

Mais qu'entends-je ? Quel coup !

(Elle se rassure.)

Non, non, c'était un songe...

(Il tonne plus fort.)

Ciel il redouble !.. Amis, amis, répondez donc !...
Le tonnerre et vos pleurs ne sont pas un mensonge.
Que faut-il croire de Phaon ?...

(Elle marche avec agitation.)

Je le vois, j'ai perdu Phaon ?
O douleur mortelle !
Il est infidelle,
Phaon, Phaon !
Répond....

(Elle va vers le rocher, on l'arrête.)

Mourrons.

LE CHŒUR.

Non, non,
Des dieux entendez le tonnerre.

SAPHO.

Que m'importe leur colère
Quand ils m'on ravi Phaon?

LE CHŒUR.

Ah! rappellez votre raison!

SAPHO.

Je ne vois plus que la mort ou Phaon.

LE CHŒUR.

La mort!...

SAPHO.

Oui, la mort, ou Phaon!...

(Phaon et Cléis paraissent ballotés par les flots.)

LE CHŒUR *[s'écrie :]*

Le voilà, le voilà!

SAPHO *[s'élance sur le bord de la mer, puis recule avec horreur.]*

Ciel! Cléis Damophile.
O trahison!

LE CHŒUR.

Ils vont périr...
[*le tonnerre roule.*]

SAPHO.

Sauvez-les, sauvez-les, c'est à moi de mourir !

LE CHŒUR.

Le secours est inutile.

SAPHO.

Sauvez-les, sauvez-les, c'est à moi de mourir !

LE CHŒUR.

Ah ! Calmez-vous.

SAPHO.

Je veux mourir.

LE CHŒUR.

Voyez nos pleurs, voyez nos larmes,
Notre amitié pour vous n'a-t-elle plus de charmes !
Ah ! Sapho, laissez-vous fléchir ?

SAPHO.

Non, non, je veux mourir.

SCÈNE VII.

Les précédens, le grand Prêtre, Prêtres.

(Les prêtres sortent du temple, le grand prêtre à leur tête... Chacun s'arrête et s'incline, excepté Stésichore, que retiennent deux prêtres.)

Arrêtez, arrêtez, que faites vous, profanes ?

Chœur et Stésichore.

Nous la sauvons de sa fureur.

Le Prêtre.

Des dieux nous sommes les organes ;
Nous autorisons sa fureur.

Stésichore.

Barbares, barbares.

Les Prêtres.

Profanes, etc.
Craignez un dieu vengeur.

Le tonnerre roule.

(Stésichore se débat en vain, le chœur intimidé cesse de s'opposer au passage de Sapho. Elle profite de cet instant et monte avec rapidité au haut du rocher.)

SAPHO [*montant sur le rocher.*

O dieux, pardonnez-lui son crime,
C'est l'amour seul qui l'égara ;
Contentez-vous d'une victime,
Voilà Sapho, recevez-là.

(*Elle s'élance, le chœur jette un cri d'effroi, les prêtres se retirent ; moment de silence.*)

SCÈNE VIII ET DERNIÈRE.

LES PRÉCÉDENS *moins* LES PRÊTRES.

STÉSICHORE [*avec la plus grande indignation, les bras élevés vers le ciel.*]

O dieux qui nous donnez la vie,
Dieux justes et puissants, souffrirez-vous en paix,
Que d'indignes mortels, comblés de vos bienfaits,
De votre nom sacré voilant leur barbarie
Osent vous imputer ces horribles forfaits ?

Vengez le ciel, vengez la terre,
Vengez l'amour, l'humanité ;
O dieux, pourquoi votre tonnerre
N'a-t-il pas encore éclatté ?

LE CHŒUR.

Vengez, etc.

STÉSICHORE.

Que votre foudre les abyme,

Qu'ils périssent tous sans retour,
Et ne souffrez plus que le crime
Profite des torts de l'amour !

LE CHŒUR.

Que votre, etc.

Vengez le ciel, etc.

La foudre éclatte sur le temple, la barque qui porte Phaon, Cléis et Damophile, reparaît balottée par les flots et s'abyme; le temple s'embrâse et s'écroule, il tombe une pluie de feu.

Fin du troisième et dernier acte.

De l'Imp. de F. HOCQUET et Compagnie, rue Montmartre, N°. 124.

Contraste insuffisant

NF Z 43-120-14

www.ingramcontent.com/pod-product-compliance
Lightning Source LLC
LaVergne TN
LVHW020945090426
835512LV00009B/1714